www.ingramcontent.com/pod-product-compliance
Lightning Source LLC
Chambersburg PA
CBHW041305240426
43661CB00011B/1028
* 9 7 8 1 8 3 9 9 0 5 1 4 8 *